MAYOORI BUCHHALTER/DANIEL KRUSE

HANF

Kochen mit Hanfnüssen und Hanföl

HEEL

Impressum

HEEL Verlag GmbH
Gut Pottscheidt
53639 Königswinter
Tel.: 0 22 23 92 30-0
Fax: 0 22 23 92 30-13
E-Mail: info@heel-verlag.de
Internet: www.heel-verlag.de

Rezepte: Mayoori Buchhalter
Text: Daniel Kruse
Fotos: Johannes Cawelius, Heike Herbertz (Seite 7)
Satz und Gestaltung: Claudia Renierkens, renierkens kommunikations-design, Köln

Lektorat: Christine Birnbaum

Dieses Kochbuch wurde nach bestem Wissen und Gewissen verfasst. Weder der Verlag noch die Autoren tragen die Verantwortung für ungewollte Reaktionen oder Beeinträchtigungen, die aus der Verarbeitung der Zutaten entstehen.

Printed in Slovak Republic

FSC
www.fsc.org

MIX
Papier aus verantwortungsvollen Quellen
FSC® C084279

ISBN 978-3-86852-357-7

Inhalt

12

36

Hanf gehört zu den vielseitigsten Rohstoffen, die die Menschheit kennt. Neben der Nutzung der Fasern im Textilbereich und als Dämmstoff, kommen die Schäben als Tiereinstreu und als Baustoff zum Einsatz. Zusätzlich liefert der Hanfsamen aber auch eines der wertvollsten Lebensmittel, das in unseren Breiten allerdings in Vergessenheit geraten ist. Deshalb möchten wir mit diesem Kochbuch dazu beitragen, dass die köstliche und gesunde Bereicherung des täglichen Speiseplans durch Hanfnüsse und Hanföl den Stellenwert erhält, den sie aufgrund ihrer ernährungsphysiologischen Eigenschaften verdient.

Auf der Suche nach hochwertigen Nahrungsmitteln, nach Produkten, die dem Körper gut tun, sich positiv auf die Gesundheit auswirken und dazu auch noch gut schmecken, kommt man an der „Nährquelle" Hanf nicht vorbei. Leider erntet man, wenn man im Bio-Laden nach Hanfnüssen fragt, schon mal ein verwundertes Kopfschütteln, denn längst nicht alle Einzelhändler haben Hanf-Produkte in ihrem Sortiment. Einen bequemen Ausweg bietet der Internetversand, wo man problemlos alles bekommt, was zum Kochen mit Hanf benötigt wird. Und wir sind sicher: Je mehr Menschen sich vom Geschmack und der Raffinesse dieser Rezepte über-zeugen, desto häufiger finden Sie zukünftig Hanf-Produkte beim täglichen Einkauf.

Alle Rezepte rund um unsere Protagonisten, der geschälten und der ungeschälten Hanfnuss sowie dem Hanföl, sind mit Bio-Zutaten zubereitet. Denn wir legen großen Wert auf bestmögliche Qualität, auf ökologische As-pekte beim Anbau und auf Nachhaltigkeit. Deshalb ist beispielsweise bei der Verwendung von abgeriebener Zitronenschale nicht mehr explizit erwähnt, dass dabei nur unbehandelte Früchte zum Einsatz kommen.

Wir haben ganz bewusst vegetarische und auch vegane Rezepte ins Repertoire aufgenommen. Schon beim Durchblättern wird klar: Unser Anliegen ist es, allen interessierten, gesundheitsbewussten Hobbyköchen einen Leitfaden für die Verwendung von Hanf in der gesunden Küche an die Hand zu geben, mit dem man die Prin-zipien versteht und erlernt, Hanf in der gesunden Küche zu verwenden. Im Küchenalltag werden Sie selbst sehr schnell viele neue Einsatzmöglichkeiten für Hanf finden – unsere Rezepte verstehen wir dabei nur als erste Orientierung, um Sie auf den Geschmack zu bringen. Probieren Sie es aus!

Viel Spaß bei der kulinarischen Reise durch die Welt des Hanfs und einen guten Appetit wünschen Ihnen

Mayoori Buchhalter & Daniel Kruse

Gesund genießen

Mmh ... so beginnt für die meisten Menschen die erste kulinarische Begegnung mit Hanf. Oft entwickelt sich daraus eine lebenslange und überaus gesunde Liebe. Was kein Wunder ist, denn kaum ein anderes Nahrungsmittel verbindet Gaumenfreuden und Gesundheitsbewusstsein so harmonisch wie Hanf.

Dass es sich bei Hanf um eine der ältesten Kulturpflanzen überhaupt handelt, ist nur wenigen Menschen bekannt. Erste Zeugnisse stammen aus China und sind über 10.000 Jahre alt. Aus botanischer Sicht ist die Frucht des Hanfes, der Hanfsamen, eine Nuss. Für Menschen, die an einer Nussallergie leiden, bietet die Verwendung der Hanfnuss deshalb eine wunderbare Alternative, denn sie hat fast alle Eigenschaften der Nuss – mit Ausnahme der Allergene.

Die kleinen Hanfnüsse haben einen Durchmesser von 3 bis 4 mm und sind von einer dünnen, glasigen Fruchtschale umgeben. Die nährstoffreichen Samen sind braun bis schwarzgrau gefärbt, manchmal auch grüngrau. Bei sorgsamer Verarbeitung behalten auch die geschälten Hanfnüsse 30 % des wertvollen Hanföls. Durch ihren angenehm nussigen Geschmack lassen sie sich vielfältig einsetzen – und sind eine ideale Zutat für die leichte und gesunde Küche. Bei der Verwendung von Hanföl muss man allerdings beachten, dass seine wertvollen Inhaltsstoffe keine hohen Temperaturen vertragen, zum Braten ist es deshalb ungeeignet. Allerdings kann man es sehr gut zum Dünsten und Dämpfen verwendet, wenn eine ausreichend große Menge Wasser beim Garprozess allzu hohe Temperaturen verhindert.

Die Ernährungswissenschaft weiß längst um den großen gesundheitlichen Wert des Hanfs. Der menschliche Körper kann von allen benötigten 21 Aminosäuren acht nicht selbst produzieren. Und genau diese fehlenden Aminosäuren sind alle im Hanf enthalten. Für unseren Körper ist Hanf somit eine ideale Proteinquelle.

Daher gilt Hanföl als eines der wertvollsten Speiseöle. Mit einem Anteil von bis zu 90 % an lebenswichtigen, mehrfach ungesättigten Fettsäuren sollte es auf keinem Speisezettel fehlen, denn gerade für unser Immun- und das Herz-Kreislauf-System sind diese Eigenschaften von großer Bedeutung. Auch das Verhältnis von Omega-6- zu Omega-3-Fettsäuren im Hanföl ist ideal – es entspricht dem natürlichen Verhältnis im menschlichen Körper. Selbst die sehr selten vorkommende Gamma-Linolen-Säure, die ansonsten fast ausschließlich in teurem Nachtkerzenöl enthalten ist, erreicht im Hanföl einen sehr hohen Wert. Sie ist besonders wertvoll und wird in der Naturheilkunde bei chronischen Hautkrankheiten eingesetzt.

Bei all diesen positiven Eigenschaften verwundert es, dass die Renaissance des Hanfes erst in der Mitte der 1990er-Jahre begann. Inzwischen wird Hanf allerdings mehr und mehr zu einer Selbstverständlichkeit in der modernen, gesundheitsbewussten Küche.

Und sicher ist diese kleine Frucht schon bald nicht mehr wegzudenken aus unserer Ernährung – genau, wie es schon vor etlichen tausend Jahren war.

Tipps rund um den Hanf

Reinigung der ungeschälten Hanfnüsse:

Obwohl man mittlerweile ungeschälte (ganze) Hanfnüsse im Fachhandel (Reformhäusern, Bioläden, Bio-Supermärkten) oder in Online-Shops bereits gereinigt erhält, kann man diese nach Bedarf oder Wunsch vor dem Einsatz in der Küche nochmals waschen. Dazu werden die Samen in eine Schüssel mit klarem Wasser gegeben. Da Hanfnüsse sehr leicht sind, schwimmen sie im Wasser oben. Schmutzpartikel und Fremdkörper, wie kleine Steinchen, sind schwerer und sinken nach unten. Die Hanfnüsse können nun leicht abgeschöpft und auf einem Tuch ausgebreitet getrocknet werden, ehe man sie verwendet.

Verwendung von Hanfnüssen:

Natürlich kann man Hanfnüsse einfach roh kauen. Sie schmecken allerdings noch besser, wenn sie in einer Pfanne oder im Backofen, nach Belieben zusammen mit etwas Salz oder Sojasauce, etwa 10 Minuten geröstet werden. Mit den gerösteten Hanfnüssen lassen sich alle möglichen Rezepte verfeinern: Ob herzhaft oder eher süß, geröstete Hanfnüsse passen zu vielen Gerichten. Man verwendet sie ähnlich wie gerösteten Sesam oder Sonnenblumenkerne. Ungesalzen sind die Nüsse eine gute Ergänzung fürs Müsli. Auch beim Brot backen kann man ungeröstete Hanfnüsse in den Teig geben. Im fertigen Brot sind die Hanfnüsse dann geröstet und geben dem Brot zusätzlichen „Biss".

Geschält oder ungeschält – ganz nach Geschmack:

Seit einigen Jahren werden auch geschälte Hanfnüsse angeboten. Da die harte Schale beim Kauen von Hanfprodukten manchmal stört, bieten geschälte Hanfnüsse den Nussgeschmack in unbeschwerter Form, enthalten aber den vollen ernährungsphysiologischen Nutzen des ganzen Hanfsamens. Lediglich der Anteil an Ballaststoffen ist aufgrund der fehlenden Schale deutlich geringer. Auch geschälte Hanfnüsse entfalten besonders durch die Röstung ihren nussigen Geschmack. Man sollte die geschälten Hanfnüsse jedoch sehr vorsichtig rösten (bis max. 160 °C) und darauf achten, dass sie nicht anbrennen.

... und noch eine Verwendungsart:

Ungeschälte Hanfnüsse kann man auch in vermahlener Form verarbeiten. Allerdings sollte man sie vorher rösten, dann lassen sie sich besser vermahlen, weil die Fruchtschale leichter aufbricht. Diese kann man hinterher absieben oder als zusätzliche Ballaststoffe mitverwerten. Beim Mahlen der Hanfnüsse muss man beachten, dass es sich um eine Ölsaat handelt, die man deshalb nicht in einer herkömmlichen Getreidemühle mahlen kann. Deren Mahlsteine würden aufgrund des hohen Fettgehaltes der Hanfnüsse verkleben. Daher verwendet man hierfür eine Ölsaatenmühle oder greift einfach auf eine Kaffeemühle zurück.

SNACKS, FINGERFOOD, DIPS UND PASTEN

Auberginenbällchen (circa 30 Bällchen)

2		große Auberginen
		Olivenöl
36		schwarze Oliven
2		Knoblauchzehen
6	EL	Parmesan, gerieben
1	Bund	Petersilie, fein gehackt
8	EL	Paniermehl
6	EL	Hanfnüsse, geschält
1	TL	Salz
2		Eier

Die Auberginen halbieren, die Schnittflächen mit Olivenöl bestreichen und bei 225 °C im Ofen etwa 30 Minuten lang weich backen, abkühlen lassen, schälen und klein hacken. Die Oliven und den Knoblauch ebenfalls hacken und zusammen mit allen anderen Zutaten dazugeben. Alles gut vermischen und 15 Minuten ruhen lassen. Dann kleine Bällchen formen und diese bei 200 °C etwa 25–30 Minuten im vorgeheizten Backofen backen.

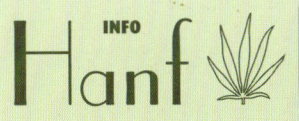

INFO
Hanf

Durch die reichhaltige Kombination an mehrfach ungesättigten Fettsäuren und essenziellen Aminosäuren zählt Hanf zu den wertvollsten Speiseölen.

Austernpilze mit Basilikum-Creme (circa 30 Pilze)

200	g	Austernpilze
1		Ei
50	g	Paniermehl
2	EL	Hanf-Gomasio (siehe Rezept Seite 41)
4	EL	Rapskernöl
		Salz
200	ml	saure Sahne oder Crème fraîche
1	Bund	Basilikum

Die Stiele und den Strunk der Austernpilze abschneiden. Das Ei in einer Schale mit etwas Salz verrühren. In einer anderen Schale Paniermehl und Hanf-Gomasio vermischen. Die Austernpilze zuerst ins Ei tauchen und dann von beiden Seiten das Paniermehl gut andrücken.

Das Öl in einer Pfanne erhitzen, Pilze erst auf einer Seite 3–4 Minuten, dann auf der anderen Seite 2–3 Minuten anbraten bis sie golden gebräunt sind.

Das Basilikum mit der sauren Sahne (oder der Crème fraîche) pürieren, mit Salz abschmecken und als Dip zu den warmen oder abgekühlten Austernpilzen reichen.

Leichtes Gewürzbrot (1 Blech)

300	g	**Weizenmehl Type 1050** (oder ein anderes Mehl)
7	EL	**Rapskernöl**
2 ½	TL	**Salz**
Circa 300 ml		**Wasser,** je nachdem, welches Mehl verwendet wird
2		**Zwiebeln**
4	EL	**Olivenöl**
2	EL	**Mandeln**
1	EL	**Hanfnüsse, ungeschält**
1		**Päckchen Backpulver**
1	TL	**Rosmarinnadeln**
1	TL	**Thymian**

Das Mehl mit dem Rapskernöl, 1 ½ Teelöffeln Salz und dem Wasser mit einem Schneebesen zu einem dickflüssigen Teig verarbeiten. Die Zwiebeln würfeln und in einem Esslöffel Olivenöl golden anbraten und zum Teig dazugeben. Die Mandeln hacken und zusammen mit den Hanfnüssen ebenfalls zum Teig geben, dann das Backpulver unterrühren. Ein Blech mit Backpapier auslegen, den Teig darauf verstreichen und im Backofen bei 200 °C circa 20 Minuten lang backen. Drei Esslöffel Olivenöl mit einem Teelöffel Salz, den Rosmarinnadeln und dem Thymian verrühren und auf das Brot streichen. Nochmals zehn Minuten lang zu Ende backen.

Das Brot schmeckt auch warm sehr gut.

Zitronen-Feigen-Chutney

20		Zitronen (circa 2 kg)
7		Feigen, getrocknet
50	g	Ingwer
225	ml	Agavendicksaft
1		Chilischote, frisch oder getrocknet
100	g	Hanfnüsse, geschält

Die Zitronen schälen, filetieren, in einen Topf geben und aufkochen. Die Feigen von ihren Stielen befreien, vierteln und zu den Zitronen geben. Den Ingwer reiben und den Saft, wie auch den Agavendicksaft, ebenfalls zu den Zitronen geben. Die Chilischote klein schneiden und ohne Kerne dazugeben. Das Ganze circa 15–45 Minuten köcheln lassen, bis es etwas eindickt. Zum Schluss die Hanfnüsse unterrühren.

Tomaten-Koriander-Salsa

3		Tomaten
1		Zwiebel
2	Bund	Koriander (alternativ: Rucola)
1		Knoblauchzehe
		Salz
3	EL	Hanföl
1	Spritzer	Zitronensaft

Die Tomaten würfeln, die Zwiebel fein würfeln und den Koriander und den Knoblauch fein hacken. Alles miteinander vermengen und mit Salz abschmecken. Hanföl und Zitronensaft unterrühren und mit Gewürzbrot servieren.

Schnelles Dinkel-Hanf-Brot ->

Schnelles Dinkel-Hanf-Brot

600	g	Dinkelvollkornmehl
400–450	ml	Wasser
3	EL	Reisessig oder Apfelessig
40	g	frische Hefe
2	TL	Salz
1	TL	Honig
100	g	Hanfnüsse, ungeschält
2	TL	Butter

Die Mengen sind abgestimmt auf eine mittlere Kastenform, eine Springform oder ein rundes Pizzablech.

Das Dinkelmehl in eine Schüssel geben und das Salz darüber verstreuen. In der Mitte des Mehls eine Mulde bilden und die Hälfte des Wassers dort hineingeben, die Hefe hineinbröseln, Honig und Essig dazugeben und mit dem Wasser verrühren. Dann das restliche Wasser dazugeben und alles zu einem zähen Teig verrühren. Jetzt die Hanfnüsse dazugeben und unterrühren. Den Teig zum Aufgehen etwa 15 Minuten stehen lassen. Dann nochmals verrühren und in die mit Butter gefettete Kastenform oder für ein flaches Brot in eine Springform oder auf ein Pizzablech geben.

In den kalten Backofen schieben und bei 220 °C (Umluft 200 °C) circa 45 Minuten backen. Aus der Form nehmen und auf einem Gitter auskühlen lassen.

Hanfpaste mit Schnittlauch und Kapern

100	g	Hanfnüsse, geschält
3–4	EL	Wasser
1	Bund	Schnittlauch, fein geschnitten
2	EL	Kapern
		Salz

Die Hanfnüsse mit etwas Wasser pürieren. Dabei nach und nach das restliche Wasser zufügen. Den Schnittlauch und die Kapern unterheben und mit Salz abschmecken.

Hanf-Meerrettich-Streich

125	g	Butter
125	g	Hanfnüsse, geschält und gemahlen
1	EL	Meerrettich
1	TL	Senf
1	TL	Zwiebeln, fein gehackt
1	Bund	Petersilie, fein gehackt
75	g	Sprossen nach Geschmack

Die Butter, die Hanfnüsse, den Meerrettich, den Senf, die Zwiebeln und die Petersilie gut miteinander vermischen. Zum Schluss die Sprossen vorsichtig unterheben. Eine besondere Note bekommt der Aufstrich, wenn man ihn mit etwas Kurkuma abschmeckt.

Anstelle von Butter kann auch Tofucreme oder etwas Sojacuisine verwendet werden.

Grobe Hanfpaste

100	g	Hanfnüsse, ungeschält
1	TL	Salz
6	Blätter	Bärlauch oder
1	Bund	Schnittlauch, je nach Jahreszeit
1–2	Spritzer	Zitronensaft
100	g	Mandeln, grob gehackt

Die Hanfnüsse 12 Stunden lang in Wasser einweichen, dann abgießen, abspülen, mit circa 100 ml Wasser fein pürieren und mit einem Teelöffel Salz würzen. Bärlauch bzw. Schnittlauch grob schneiden, mit dem Zitronensaft zugeben und weiter fein pürieren. Anschließend die Mandeln unterheben.

Vanille-Chili-Dip

200	ml	Sahne
100	ml	Wasser
1		Vanilleschote
2		Knoblauchzehen
100	g	Hanfnüsse, geschält
200	g	Frischkäse
1	Bund	Schnittlauch
1		Chilischote
		Salz

Die Vanilleschote auskratzen und das Mark in einen Topf geben. Sahne, Wasser, die in Scheiben geschnittenen Knoblauchzehen, die Hanfnüsse und die entkernte Chilischote zusammen fünf Minuten köcheln lassen, danach zehn Minuten ziehen lassen, anschließend pürieren und erkalten lassen. Mit dem Frischkäse verrühren, die Schnittlauchröllchen unterheben und mit Salz abschmecken.

Der Dip schmeckt zu gegrilltem Fleisch, als Brotaufstrich, zu gedünstetem Gemüse oder zu Lachssteak.

SALATE

Marinierter Löwenzahn (4–6 Personen)

4	EL	Sojasauce
2	EL	Reismalz oder Honig
3	EL	Hanföl
50	g	Ingwer
		Saft einer halben Zitrone
4	Handvoll	Löwenzahnblätter
½	Bund	Rucola
		Löwenzahnblütenblätter

Für das Dressing Sojasauce, Reismalz, Hanföl und Zitronensaft gut verrühren. Den Ingwer reiben und auspressen und den Ingwersaft ebenfalls untermischen. Die Löwenzahnblätter grob schneiden, den Rucola etwas zerteilen, das Dressing darüber geben und mit Löwenzahnblütenblättern dekorieren.

Spitzkohl mit Hanfnüssen und Peperoni-Streifen (4–6 Personen)

500	g	Spitzkohl
2	TL	Salz
		Saft von 2 Zitronen
1		rote Peperoni
1	EL	Hanfnüsse, ungeschält

Den Spitzkohl vierteln, den Strunk entfernen und die Kohlblätter in feine Streifen schneiden. Zusammen mit dem Salz in einer Schüssel verkneten, bis die Kohlstreifen glasig werden. Die Peperoni entkernen und in feine Streifen schneiden. Peperoni-Streifen, Zitronensaft und Hanfnüsse dazugeben und unterrühren. Sofort als Salat servieren oder in Schraubgläser füllen und im Kühlschrank aufbewahren. Wenn das Gemüse mit Sud bedeckt ist, hält es sich mehrere Monate.

INFO Hanf

Ein bis zwei Esslöffel (15–20 ml) Hanföl genügen, um den Tagesbedarf eines Menschen an den wichtigsten essenziellen Fettsäuren vollständig zu decken.

Spinat-Salat mit Miso-Zitronen-Dressing (4–6 Personen)

250	g	Spinat
1	Bund	Radieschen
2	TL	Hanfnüsse, ungeschält

Miso-Zitronen-Dressing

3	EL	Zitronensaft
½	EL	dunkles Miso
1	EL	Agavendicksaft
1 kleiner Bund Petersilie oder Koriander		
2	EL	Hanföl
		Salz
1	Prise	Chili

Den Zitronensaft mit dem Miso, dem Agavendicksaft, dem Hanföl und der Petersilie bzw. dem Koriander pürieren und mit Salz und einer Prise Chili abschmecken. Den Spinat putzen und waschen und mit den in Scheiben geschnittenen Radieschen mischen. Mit dem Dressing vermengen und die Hanfnüsse darüber streuen.

Alternativ schmeckt der Spinatsalat auch in dieser Variante:

Die Orange auspressen, die Hanfnüsse mit dem Orangensaft und etwas Wasser cremig pürieren. Hanföl, Balsamico und das restliche Wasser dazugeben, damit ein dickflüssiges Dressing entsteht. Mit Salz abschmecken.

Hanf-Orangen-Dressing

1		Orange
2	EL	Hanfnüsse, geschält
3–4	EL	Wasser
2	EL	Hanföl
2	EL	weißer Balsamico
		Salz

Salat mit mariniertem Spargel und Mango-Dressing (4–6 Personen)

1		**Kopfsalat oder 1 Bund Rucola**
1	**Bund**	**Radieschen** (inklusive Radieschengrün)
50–80	g	**Sprossen nach Geschmack**
4	**Stangen**	**Spargel**
1	**EL**	**Agavendicksaft**
3	**EL**	**Reisessig** (alternativ: weißer Balsamico)
		Salz
1		**Zwiebel**
2	**EL**	**Hanföl**
100	ml	**Apfel-Mangosaft**

Den Salat waschen und zupfen und das Radieschengrün in feine Streifen schneiden. Die Radieschen vierteln, dabei das Schwänzchen dran lassen und mit dem Salat, dem Radieschengrün und den Sprossen in einer großen Schüssel mischen.

Den Spargel schälen, in feine, schräge Streifen schneiden, mit dem Agavendicksaft, zwei Esslöffeln Reisessig und Salz für mindestens 10 Minuten marinieren.

Für das Dressing die Zwiebel mit dem Hanföl, einem Esslöffel Reisessig, dem Apfel-Mangosaft und etwas Salz pürieren, mit dem Salat mischen und den marinierten Spargel darüber geben.

Glasnudelsalat (8–10 Personen)

1		Spitzkohl
2		Karotten
1		Süßkartoffel
500	g	Glasnudeln
1	Bund	Koriander
1		Chilischote
2	Stängel	Zitronengras
50	g	Hanfnüsse, geschält
2	Stängel	Minze
100	g	Ingwer
8	EL	Hanföl
4	EL	Shoyu
1	TL	Agavendicksaft
		Saft von 1 ½ Zitronen
1 ½	TL	Salz

Spitzkohl in feine Streifen schneiden und weich kneten. Karotten und Süßkartoffel in feine Streifen schneiden, salzen und 10 Minuten stehen lassen. Glasnudeln mit heißem Wasser übergießen, ebenfalls 10 Minuten stehen lassen und dann abgießen. Koriander fein hacken, Chilischote und Zitronengras in feine Ringe schneiden, Minze in feine Streifen schneiden. Alles miteinander vermischen.

Für die Salatsauce den Ingwer reiben, auspressen und den Saft mit den übrigen Saucen-Zutaten mischen und unter den Salat heben.

Frühlingssalat zum Sattessen (4–6 Personen)

4		Avocados
1	Bund	Rucola
1		rote Chilischote
12	Stangen	Spargel
2	Bund	Basilikum
2	Bund	Koriander
2	EL	Reisessig oder weißer Balsamico
4	EL	Hanföl
		Salz

Avocados in mundgerechte Stücke schneiden und mit dem gezupften Rucola, dem Basilikum, dem Koriander und der entkernten und in Ringe geschnittenen Chilischote mischen. Spargel schälen, in kleine Stücke schneiden, circa fünf Minuten kochen und unter den Salat mischen.

Aus den restlichen Zutaten ein Dressing mischen und vorsichtig unter den Salat heben.

Hanf-Kartoffelsalat (4–6 Personen)

1	kg	Kartoffeln
1		Salatgurke
1	Bund	Dill
1	Bund	Frühlingszwiebeln
100	ml	Hanföl
50	g	Hanfnüsse, geschält
25	g	Hanfnüsse, ungeschält
		Saft einer Zitrone
1	TL	Salz

Kartoffeln kochen, schälen und in große Würfel schneiden. Die Gurke längs halbieren, mit einem Teelöffel die Kerne herausnehmen und die Gurke in Halbmonde schneiden. Dill grob hacken. Frühlingszwiebeln in schräge Ringe schneiden.

Alles mit den Hanfnüssen, dem Hanföl, dem Zitronensaft und dem Salz mischen. Eventuell nochmals mit Salz abschmecken.

INFO Hanf

Beim Anbau von Hanf werden keine Pestizide eingesetzt, weil Hanf schneller wächst als jedes Unkraut und auch weitgehend resistent ist gegen Insektenbefall.

GETREIDE, GEMÜSE UND SATTMACHER

Zitronennudeln mit Zucchini und Hanf-Gomasio

(2 Personen)

250	g	Spaghetti
2		Zucchini
1		Knoblauchzehe
1		Zitrone, Saft und abgeriebene Schale
2	EL	Olivenöl
½	TL	Salz
2	EL	Hanf-Gomasio
		Parmesan

Spaghetti nach Packungsanweisung kochen. Die Zucchini in Scheiben schneiden. Öl in einer Pfanne erhitzen und die Zucchinischeiben darin 4–6 Minuten anbraten, bis sie auf beiden Seiten golden sind. Den Knoblauch pressen und dazugeben. Salzen und zur Seite stellen. Die Nudeln abgießen und vier Esslöffel Nudelwasser auffangen. Die Zitronenschale abreiben, den Saft pressen und mit den Nudeln und dem Kochwasser vermischen. Die Zucchini unterheben und beim Anrichten den Parmesan und das Hanf-Gomasio über die Nudeln streuen.

Hanf-Gomasio

100	g	Hanfnüsse, geschält oder ungeschält
½	EL	Salz

Die Hanfnüsse mit dem Salz mischen und in einer Pfanne bei mittlerer Hitze unter Rühren rösten. Abkühlen lassen und in einer Maschine oder im Mörser mahlen, allerdings nicht zu fein. Es sollten noch einige Körner ganz bleiben.

Gomasio streut man zum Würzen über Suppen, Reis und Salate oder reicht es anstelle oder zusätzlich zum Parmesan zu Pasta.

Weiße Bohnensuppe mit frittiertem Salbei (4 Personen)

250	g	weiße dicke Bohnen, gekocht
300	ml	Consommé
1	TL	Salz
		Saft einer halben Zitrone
12		Salbeiblätter
6	EL	Olivenöl
1	EL	Hanfnüsse, geschält

Bohnensuppe:

Die Bohnen mit der Consommé, dem Salz und dem Zitronensaft cremig pürieren. Das ergibt einen guten Liter Suppe.

Frittierter Salbei:

Den Salbei zupfen und in einem kleinen Stieltopf in 4 EL Olivenöl frittieren. Das Öl soll heiß sein, aber nicht rauchen. Den kompletten Salbei ins heiße Öl geben und vorsichtig, aber ständig rühren. Dabei darauf achten, dass der Salbei nicht zu lange frittiert wird. Die Farbe des Salbeis bleibt dunkelgrün, man merkt aber beim Rühren, dass er „trocknet" und etwas „raschelt". Nun den Salbei mit dem Öl in ein separates Schälchen geben, die Hanfsamen darüber streuen und zur Suppe servieren. Dazu passt Gewürzbrot mit Hanfnüssen.

INFO

Hanf

Die lateinische Bezeichnung für Hanf „Cannabis Sativa" bedeutet übersetzt „nützlicher Hanf".

Pastinakencremesuppe
mit Hanf-Gremolata (4–6 Personen)

700	g	Pastinaken
700	ml	kochendes Wasser
		Salz
1		Zitrone, Saft und abgeriebene Schale
1	Bund	Petersilie, gehackt
8		schwarze Oliven, gehackt
1		kleine Zwiebel, gehackt
1 ½	EL	Hanfnüsse, geschält
1 ½	EL	Hanföl

Pastinaken schälen, in große Stücke schneiden und mit etwas Wasser und einer Prise Salz zum Kochen bringen. Auf kleiner Flamme etwa 45 Minuten köcheln. Dann sehr fein pürieren und dabei nach und nach das kochende Wasser hinzufügen. Mit Zitronensaft und Salz abschmecken. Zitronenschale, gehackte Oliven und Zwiebel, Hanfnüsse, Hanföl und gehackte Petersilie mischen und mit Salz abschmecken.

Als Garnitur auf jede Schale Suppe einen Esslöffel Gremolata geben.

Gremolata

1	Bund	Petersilie
1		Zwiebel
1		Zitrone, Saft und abgeriebene Schale
		Salz
8–10		schwarze Oliven
3	EL	Hanfnüsse, geschält
3	EL	Hanföl

Petersilie, Zwiebel und Oliven klein hacken und mit den übrigen Zutaten gründlich verrühren.

Die Gremolata schmeckt sehr gut auf Gebratenem, z. B. Seitan, Hühnerbrust, aber auch auf pürierter Gemüsesuppe.

Knuspriges Fischtempura mit Chili-Dip (4 Personen)

Pangasius

500	g	Pangasiusfilet, in Stücke geschnitten
9		gestrichene EL Dinkelmehl 1050
3		gestrichene EL Kichererbsenmehl
1	EL	Hanfnüsse, geschält
circa 300 ml Wasser		
1 ½	TL	Kurkuma
1 ½	TL	Salz
½	Bund	Koriander

Chili-Dip

1–2		kleine Chilischoten oder eine Peperoni
4	EL	Agavendicksaft
4	EL	Reisessig oder weißer Balsamico
1		Knoblauchzehe, geschält
½	TL	Ingwer, gemahlen
150	ml	Wasser
1	EL	Kuzu oder Maisstärke
750	ml	Rapskernöl oder ein anderes Bratöl
		zum Ausbacken (mehrmals verwendbar)

Das Fischfilet in circa 3 x 3 cm große Stücke schneiden.

Für den Tempurateig Mehl, Kichererbsenmehl, Hanfnüsse, Kurkuma und Salz in eine Schüssel geben und mit dem Wasser zu einem glatten Teig verrühren. Koriander grob hacken und zu dem Teig geben.

Für den Dip die Chilischoten, die Sojasauce, den Agavendicksaft, den Reisessig, die Knoblauchzehe, den Ingwer und das Wasser in einen Stieltopf geben, mit dem Pürierstab mixen und erhitzen, kurz aufkochen lassen und mit der Stärke, die vorher in kaltem Wasser aufgelöst wurde, binden.

Nun das Öl in einem Topf erhitzen. Den Fisch in den Teig tauchen, ins heiße Öl geben, knusprig ausbacken und auf Küchenkrepp abtropfen lassen.

Das Fischtempura mit Chili-Dip und Koriandergrün servieren.

Die Zutaten ergeben mehr Dip als benötigt wird, eine geringere Menge lässt sich allerdings nur schwer pürieren. Man kann den Dip jedoch problemlos eine geraume Zeit im Kühlschrank aufbewahren.

Mozzarella mit Hanf und Brokkoli (2 Personen)

1		Mozzarella
1		Zitrone, Saft und abgeriebene Schale
½	Bund	Majoran, Basilikum oder Oregano
150	g	saure Sahne
		Salz
3	EL	Hanföl
		schwarzer Pfeffer
2	TL	Hanfnüsse, geschält
1		Brokkoli
100	ml	Wasser

Die Zitronenschale abreiben und den Saft auspressen. Den Mozzarella aufschneiden und überlappend auf einem Teller anrichten. Die Hälfte der abgeriebenen Zitronenschale darüber geben. Die Kräuter hacken und darüber streuen und das Ganze mit zwei Esslöffeln Zitronensaft beträufeln. Die saure Sahne mit Salz abschmecken und über den Mozzarella gießen. Das Hanföl ebenfalls darüber geben und die restliche abgeriebene Zitronenschale darüber streuen. Mit frisch gemahlenem schwarzem Pfeffer würzen und die Hanfnüsse darüber streuen. Den Brokkoli in Röschen zerteilen, in 100 ml Wasser fünf Minuten lang garen, bis seine Farbe richtig leuchtet.

Der Mozzarella schmeckt natürlich auch ohne Brokkoli ...

Marinierte Kichererbsen (4–6 Personen)

500	g	Kichererbsen
1	Bund	Petersilie, gehackt
50	g	getrocknete Tomaten
4	EL	Hanföl
		Saft einer Zitrone
1		Knoblauchzehe
		Salz

Die Kichererbsen für circa 12 Stunden in etwas Wasser einweichen, dann zwei Stunden lang kochen. Die getrockneten Tomaten in heißem Wasser einweichen, klein schneiden und die Knoblauchzehe pressen. Hanföl, Zitronensaft und Knoblauch zu den Kichererbsen geben und vermischen. Dann die Petersilie und die getrockneten Tomaten untermischen und mit Salz abschmecken.

Die Kichererbsen können sehr gut auch warm mariniert werden, dann nehmen sie die Aromen besser auf.

INFO

Hanf

In Nutzhanf, der seit 1996 auch wieder von Landwirten in Deutschland angebaut werden darf, sind praktisch keine berauschenden THC-Wirkstoffe mehr nachweisbar.

Italienisches Ofengemüse mit Kräuter-Hanf-Creme

(6–8 Personen)

Ofengemüse

1		Pastinake
1		Rote Bete
2		Zwiebeln
2		Karotten
8		Kartoffeln
100	g	Rosenkohl
2	EL	Olivenöl
2	TL	Oregano, getrocknet
2	TL	Basilikum, getrocknet
1	TL	Thymian, getrocknet
5		Knoblauchzehen

Kräuter-Hanf-Creme

200	g	Hanfnüsse, geschält
circa 400 ml Wasser		
1	TL	Salz
1	Bund	Schnittlauch, grob geschnitten
1	Bund	Petersilie, grob geschnitten
		Saft einer halben Zitrone

Den Backofen auf 220 °C Ober-Unterhitze vorheizen. Pastinake, Karotten, Rote Bete und Zwiebeln schälen und in große Stücke schneiden. Kartoffeln waschen und halbieren. Rosenkohl putzen und kreuzweise am Strunk einschneiden. Das komplette Gemüse zusammen mit dem Olivenöl, den Gewürzen und den ganzen, ungeschälten Knoblauchzehen in eine feuerfeste Form geben, vermischen und im Backofen circa 50 Minuten backen.

Für die Kräuter-Hanf-Creme die Hanfnüsse zusammen mit der Hälfte des Wassers pürieren. Nach und nach solange Wasser zugeben, bis die Masse sehr fein und cremig ist. Die grob gehackten Kräuter zur Hanf-Creme geben, pürieren und mit Salz und Zitronensaft abschmecken.

Frikadellen mit Minze und Joghurt-Dip (4–6 Personen)

500	g	Rinderhackfleisch
2		Eier
1		Zwiebel, fein gewürfelt
½	Bund	frische Minze, gezupft und gehackt
2	TL	Kreuzkümmel, gemahlen
2	EL	Hanfnüsse, geschält
1	TL	Senf
1	TL	Tomatenmark
100	g	Paniermehl
		Rapskernöl
		Salz
		schwarzer Pfeffer, frisch gemahlen
500	g	Joghurt
1		Salatgurke, grob geraspelt
½	Bund	Minze, gezupft und fein geschnitten
		Saft einer Zitrone
1	Bund	Schnittlauch
		Salz

Das Hackfleisch in eine Schüssel geben und Gewürze, Minze, Zwiebeln, Hanfnüsse, Ei, Senf, Paniermehl und Tomatenmark zugeben, alles gut durchmischen und mit Salz und Pfeffer würzen. Anschließend aus der Masse Frikadellen formen und von jeder Seite fünf Minuten in Öl goldbraun braten. Alternativ kann man die Frikadellen natürlich auch grillen.

In der Zwischenzeit den Dip zubereiten. Dazu die Salatgurke schälen und raspeln, salzen und beiseite stellen, damit die Gurke Wasser zieht. Den Schnittlauch und die Minze fein schneiden, den Joghurt in eine Schüssel geben und die Minze, den Schnittlauch und den Zitronensaft zugeben. Nun das Gurkenwasser abgießen und die Gurken zum Joghurt geben. Das Ganze mit Salz abschmecken.

TIPP: Formt man kleine Frikadellen, dann eignet sich dieses Rezept auch sehr gut als Fingerfood.

Pilaw mit Hanföl (8–10 Personen)

500	g	**Bulgur**
		Wasser
		Salz
30	g	**getrocknete Tomaten**
1	Bund	**Petersilie, gehackt**
1	Bund	**Frühlingszwiebeln, in Ringe geschnitten**
8		**getrocknete Aprikosen, fein gewürfelt**
6	Blätter	**Bärlauch oder**
1	Bund	**Schnittlauch,** je nach Jahreszeit
2	Stängel	**Minze, gezupft und gehackt**
2	EL	**Hanfnüsse, geschält**
3	EL	**Hanföl**
		Saft einer Zitrone
3	TL	**Salz**

Den Bulgur im Verhältnis 1:2 mit Wasser und etwas Salz aufkochen und dann 10–15 Minuten fertig quellen lassen. Die getrockneten Tomaten einweichen, klein schneiden und unter das Getreide mischen. Petersilie, Frühlingszwiebeln, Aprikosen, Bärlauch bzw. Schnittlauch, Minze, Hanföl, Zitronensaft und Salz unter das Pilaw mischen.

TIPP: Dieses Gericht eignet sich wunderbar für Spontan-Partys, denn es ist ganz schnell gemacht.

Ofenkartoffeln mit Hanfnüssen und Aioli (4–6 Personen)

Ofenkartoffeln

1	kg	Kartoffeln
2	EL	Olivenöl
1	EL	Hanfnüsse, ungeschält
1	TL	Salz

Die Kartoffeln waschen, längs halbieren und auf einem Backblech mit dem Olivenöl vermischen. Bei circa 200 °C so lange backen, bis sie anfangen zu bräunen. Die Hanfnüsse und das Salz über den Kartoffeln verteilen und nochmals zehn Minuten backen.

Aioli

250	ml	Sojacuisine
1		Knoblauchzehe
1	TL	mittelscharfer Senf
1	TL	Zitronensaft
		etwas Salz

Alle Zutaten miteinander vermischen und dann pürieren.

Putenschnitzel mit Hanf-Koriander-Panade und Pflaumen-Estragon-Sauce (4 Personen)

Putenschnitzel

500	g	Putenbrust
4	EL	Paniermehl
2	EL	Koriandersamen
2	EL	Hanfnüsse, ungeschält
		Salz
1		Ei
		etwas Rapskernöl zum Braten

Pflaumen-Estragon-Sauce

2		Zwiebeln
8		getrocknete Pflaumen
2	EL	Rapskernöl
1	Bund	Estragon
200	ml	Wasser
4	EL	Shoyu
		Salz

Das Putenfleisch in 2 cm dicke, schräge Scheiben schneiden und salzen.

Den Korindersamen und die Hanfnüsse im Mörser grob zerkleinern und mit dem Paniermehl vermischen. Das Ei verquirlen. Die Putenscheiben erst in Ei tauchen, dann in der Panademischung wenden. Den Pfannenboden mit Öl bedecken, erhitzen und die Schnitzel auf beiden Seiten zwei bis drei Minuten anbraten, bis die Panade braun und knusprig ist.

Für die Pflaumen-Estragon-Sauce die Zwiebeln fein würfeln und in Rapskernöl anbraten bis sie glasig sind. Die Pflaumen längs halbieren, dazugeben und unterrühren. Die Mischung mit Sojasauce ablöschen. Mit Wasser auffüllen und 15 Minuten köcheln. Die Estragonblätter von den Stängeln zupfen und grob hacken. Zur Sauce geben und mit Salz abschmecken.

Seitan-Eintopf mit Hanf-Marzipan (4–6 Personen)

8		getrocknete Aprikosen
200	g	Seitan
2		Zwiebeln
4	EL	Olivenöl
2	Stangen	Lauch
4		Karotten
4	EL	Sojasauce
¼	l	Gemüsebrühe oder Wasser
		Salz
50	g	Hanf-Marzipan (Rezept Seite 79)
		Samen von 4 Kardamomkapseln
½	TL	Kümmel, ganz

Die Aprikosen mit heißem Wasser übergießen. Den Seitan in Würfel schneiden, in Olivenöl knusprig anbraten und dann aus der Pfanne nehmen. Jetzt die Zwiebeln in Würfel schneiden und in Öl anbraten.

Den Lauch in Ringe, die Karotten in schräge Scheiben schneiden, zu den Zwiebeln geben und weiter braten. Mit Sojasauce ablöschen und mit Gemüsebrühe auffüllen. Die Aprikosen zugeben und alles zusammen noch so lange köcheln, bis der Lauch und die Karotten gar sind. Mit Salz abschmecken. Nun die Kardamomsamen und den Kümmel in einer Pfanne rösten, im Mörser zerkleinern und das Hanf-Marzipan einkneten.

Vor dem Servieren das Gewürz-Marzipan in kleine Stücke zupfen und den Eintopf damit garnieren.

Scharfe Hanf-Spaghetti (2 Personen)

250	g	Spaghetti
3	EL	Olivenöl
3		Peperoni
3		Knoblauchzehen
3	EL	Hanfnüsse, geschält
125	g	Cherrytomaten
½	Bund	Petersilie
		Salz
100	g	Parmesan

Die Spaghetti in reichlich Salzwasser kochen. Die Hanfnüsse in einer Pfanne rösten. Die Petersilie grob hacken. Die Peperoni entkernen, in Scheiben schneiden und den Knoblauch schälen und ebenfalls in Scheiben schneiden. Beides kurz in Olivenöl anbraten. Die Cherrytomaten halbieren und zum Knoblauch und der Peperoni in die Pfanne geben. Eine Minute unter Rühren mit anbraten. Die gekochten Spaghetti, die Petersilie und die gerösteten Hanfnüsse ebenfalls in die Pfanne geben und alles miteinander verrühren.

Beim Servieren Parmesan darüber hobeln.

SÜSSE LECKEREIEN

Johannisbeerkuchen (1 Blech)

250	g	rote Johannisbeeren
400	g	Weizenmehl Type 1050
9	EL	Rapskernöl
9	EL	Agavendicksaft
circa 400 ml Wasser		
1	Päckchen	Weinsteinbackpulver
100	g	Hanfnüsse, geschält
4	EL	Reismalz
250	ml	Sahne
8	Blätter	Minze

Die Johannisbeeren abzupfen. Das Mehl mit dem Öl, dem Agavendicksaft und dem Wasser zu einem zähflüssigen Teig verrühren und das Backpulver unterrühren. Den Teig auf einem mit Backpapier ausgelegten Blech verstreichen. Die Beeren darauf verteilen und im vorgeheizten Backofen bei 200 °C 25 Minuten backen bis der Kuchen hellgelb ist. Herausnehmen und Hanfnüsse und Reismalz darüber geben. Danach nochmals 10 Minuten backen bis die Samen gebräunt und karamellisiert sind.

Die Sahne aufschlagen und die fein geschnittenen Minzblätter darüber streuen.

Tipp: Statt Johannisbeeren kann man auch 2–3 gewürfelte Äpfel oder Birnen nehmen. Genauso lecker schmecken Pflaumen, Aprikosen, Heidelbeeren oder 2–3 in Stücke geschnittene Rhabarberstangen …

Hanf-Eiskonfekt (circa 30 Stück)

100	g	Butter
100	g	Honig
200	g	Hanfnüsse, geschält
2–3	EL	Kakao
1	Messerspitze	Kardamom
		abgeriebene Schale einer Orange
1	Prise	Salz
		Pralinenhütchen

Die Butter zusammen mit dem Honig kurz aufkochen. Vom Herd nehmen und die Hanfnüsse, den Kakao, den Kardamom, die abgeriebene Orangenschale und das Salz unterrühren. Die Masse in Pralinenhütchen füllen und für mindestens zwei Stunden ins Tiefkühlfach stellen. Das Eiskonfekt kann dort als Vorrat gelagert werden.

INFO Hanf

Die Hanfpflanze lieferte den Stoff zu einer Erfolgsstory: Die erste Jeans von Levi Strauss war nicht nur wegen ihrer Nieten so unglaublich haltbar, sondern wegen des Stoffes, aus dem sie gefertigt war: Dieser bestand zu 100 Prozent aus Hanf.

Feigen-Zwetschgen-Streusel (8 Personen)

750	g	Zwetschgen
10		getrocknete Feigen
4	EL	Dinkelflocken
4	EL	Mandeln, gehackt
2	EL	Hanfnüsse, geschält
3	EL	Honig
		Sahne oder Joghurt

Die Zwetschgen entkernen und vierteln, die Feigen in Stücke schneiden. Beides zusammen in eine feuerfeste Form geben. Die Dinkelflocken, die Hanfnüsse und die Mandeln darüber streuen und den Honig darüber gießen. Im Backofen bei 160 °C circa 20 Minuten backen. Warm mit Sahne oder gesüßtem Joghurt servieren.

Tipp: Der Feigen-Zwetschgen-Streusel ist auch ein leckeres winterliches Frühstück. Für diesen Anlass reicht das Rezept für 4 Personen und man nimmt anstelle der Zwetschgen Äpfel oder Birnen.

Dattel-Joghurt-Creme mit Hanf-Krokant (4–6 Personen)

Dattel-Joghurt-Creme

6–8		getrocknete Datteln
250	g	Naturjoghurt
200	ml	Sahne

Hanf-Krokant

4	EL	Hanfnüsse, geschält
2	EL	Reismalz oder Honig

Die Datteln in etwas Wasser aufkochen und etwa 30 Minuten stehen lassen. Dann ohne das Einweichwasser mit dem Joghurt pürieren. Sahne aufschlagen und Dattel-Joghurt unterheben.

Für den Hanf-Krokant die Hanfnüsse in einer Pfanne auf mittlerer Hitze unter Rühren rösten. Wenn der Samen anfängt zu duften, mit dem Reismalz bzw. dem Honig bedecken und weiterrühren. Wenn die Masse flüssig wird, Blasen schlägt und Fäden zieht, ist sie fertig.

Aus der Pfanne auf Backpapier gießen, ein zweites Backpapier darüber legen und mit dem Nudelholz schnell dünn ausrollen. Wenn der Krokant vollständig erkaltet ist, nach Bedarf in beliebig große Stücke brechen.

Zum Servieren den gebrochenen Hanf-Krokant über die Dattel-Creme streuen.

Tipp: Die Creme kann man selbstverständlich auch mit Soja-joghurt und Sojasahne zubereiten.

Erdbeereis am Stiel mit Holunderblütenmilch und Hanf-Krokant (8 Personen)

Holunderblütenmilch

½	l	**Sojamilch** (oder 8 volle Espressotassen)
		abgeriebene Schale einer Zitrone
8	Dolden	**Holunterblüten**

Erdbeereis

1	Packung	**Sojatoo**
125	g	**Erdbeermarmelade**
		Zimtstangen

Für die Holunderblütenmilch die Sojamilch erwärmen, vom Herd nehmen und die abgeriebene Zitronenschale und die abgezupften Holunderblüten dazugeben. Eine Stunde mazerieren lassen und danach abgießen. Die Milch vor dem Servieren wieder aufwärmen und schaumig aufschlagen.

Für das Erdbeereis Sojatoo aufschlagen und mit der Erdbeermarmelade marmorieren und durchziehen. Die Masse in Espressotassen, Eierbecher o. ä. füllen und die Zimtstangen als Stiel einstecken. Das Ganze einfrieren. Damit sich das Eis gut lösen lässt, taucht man die Formen kurz in heißes Wasser. Mit Hanf-Krokant (Rezept Seite 75) servieren.

Tipp: Je nach Jahreszeit (und Verfügbarkeit von Holunderblüten) kann man alternativ auch etwas Zimt in die Sojamilch geben.

Hanf-Marzipan (10–15 Kugeln, je nach Größe)

75	g	**Mandeln, gemahlen**
75	g	**geschälte Hanfnüsse, gemahlen**
30–40	g	**Honig, je nach Sorte**
		(bei festerem Honig benötigt man etwas mehr, bei flüssigerem etwas weniger)
3	EL	**Rosenwasser oder Orangenwasser**
100	g	**Zartbitter-Kuvertüre**

Alle Zutaten (außer der Kuvertüre) mit einer Gabel verkneten. In Kugeln formen. Die Kuvertüre in einer Schüssel im Wasserbad schmelzen. Die Kugeln auf zwei Gabeln liegend in die geschmolzene Kuvertüre eintauchen und auf Backpapier erkalten lassen.

Tipp: Statt in geschmolzener Kuvertüre in Kakao oder Kokosflocken wälzen.

Oder herzhaft, siehe Seite 63 (Seitan-Eintopf).